우리는 왜
인종차별주의자가 될까?

우리는 왜 인종차별주의자가 될까? **지은이** 이즈마엘 메지안느, 카롤 레이노-팔리고, 에블린 에이에르 **옮긴이** 강현주 **발행인** 이상용 **발행처**
청아출판사 **출판등록** 1979. 11. 13. 제9-84호 **주소** 경기도 파주시 회동길 363-15 **대표전화** 031-955-6031 **팩스** 031-955-6036 **전자우편**
chungabook@naver.com **발행일** 초판 1쇄 인쇄 · 2021. 11. 1 초판 1쇄 발행 · 2021. 11. 15.

—

ISBN 978-89-368-1188-4 03300

—

값은 뒤표지에 있습니다. 잘못된 책은 구입한 서점에서 바꾸어 드립니다. 본 도서에 대한 문의사항은 이메일을 통해 주십시오.

우리는 왜 인종차별주의자가 될까?

인종차별이라는 혐오에 맞서 우리가 이해해야 할 것

이즈마엘 메지안느 · 카롤 레이노-팔리고 · 에블린 에이에르 지음 | 강현주 옮김

청아출판사

인종차별이라는 폭력을 끝내려면

이 책을 펼치는 모든 사람들은 이 책을 매우 독특하다고 여길 것입니다. 그림과 내용이 모두 훌륭한 이 작품은 디자이너이자 시나리오 작가인 이즈마엘 메지안느가 개인적으로 탐구해 왔던 주제인 차별, 특히 인종차별(인종에 대한 편견)로 이어지는 메커니즘을 이해하려는 목표로 만든 교육서입니다.

만화가가 자기 작품 속에 직접 등장하는 경우는 흔하지 않습니다. 독자와 전문가들로부터 재능을 널리 인정받기 시작한 이즈마엘 메지안느는 이런 모험을 감행했습니다. 이 책을 만드는 것이 이즈마엘에게는 아주 다급한 실존의 문제처럼 여겨졌습니다. 나에게 설명했듯이, 이즈마엘은 '사회의 통념이 되어버린 분노를 달래려고' 이 작업을 시작했습니다. 그는 인정합니다. "이 일을 통해서 나는 (분노를) 극복할 수 있었을 뿐만 아니라, 나에게 주어진 조건에서 벗어날 수 있었습니다." 성찰을 통해 자유를 얻었습니다!

나는 이즈마엘 메지안느를 잘 이해합니다. 그와 나처럼 과거 프랑스의 식민지에서 온 이민자들은 매일 얼마나 많은 편견, 할당된 정체성, 상처를 주는 무례한 말과 행동에 노골적이거나 은밀한 차별을 당하며 살아야 하는지 잘 알고 있습니다. 우리가 사회적으로 어떤 지위에 있더라도, 우리는 언제까지나 '통합'을 증명하고, 공화국이나 그 가치에 충성을 증명하고, 프랑스 국적의 정당성을 증명해야 합니다. 네, 우리는 프랑스인입니다. 하지만 어디 출신인지 늘 확인해 주어야만 합니다!

그러나 우리의 만화가는 피해자 위치에 머무르길 원하지 않았습니다. 다행히도 말입니다. 그는 '인종차별을 정면 돌파하기'로 선택했습니다. 철학자 피에르 타브니앙 (Pierre Tavenian)의 에세이 제목인 《인종차별의 메커니즘(la mécanique raciste)》을 이해해 보기로 선택한 것입니다. 물론 인종차별은 (다른 모든 형태의 차별과 마찬가지로) 두려움의 산물이며 '다른' 문화 세계에 대한 무지의 결과, 심지어 정신병리학적 징후일 수 있습니다. 그러나 인종차별은 무엇보다 역사가 만들었고, 당사자들이 인식하지 못하더라도 특권층의 이익을 위해 시간이 지나면서 더욱 견고해졌습니다. 인종차별(그리고 동성애 혐오와 같은 다른 치명적인 차별)은 '체계적' 특징과 제도적 측면이 있습니다. 인종차별이 너무 많은 사람의 머릿속에 자리 잡고 있다면, 그것은 인종차별이 우리가 사는 세상에 의해 만들어지고, 지배자와 피지배자가 존재했던, 여전히 존재하는 역사에 의해 만들어졌으며, 진화하는 이해관계에 의해 만들어졌기 때문입니다. 시간이 지나면서 변했음에도 여전히 인종차별은 존재하고 있습니다.

따라서 이즈마엘 메지안느는 '인종차별의 메커니즘'을 찾아 나섰습니다. 인간 정신의 심오한 곳을 들여다보고 사회 위계 조직의 깊숙한 곳을 파헤치기 위해서, 그는 역사학자이자 연구가 카롤 레이노-팔리고, 인류 유전학자 에블린 에이에르와 동행한다는 멋진 생각을 했습니다. 이 두 학자의 학식 그리고 이즈마엘의 예술적 재능과 이해하고 싶다는 강한 열망이 결합해서 인종차별적인 폭력 안에서 살아가는 사람들(폭력을 당하는 사람뿐만 아니라 가하는 사람까지)과 밖에서 바라보는 사람들에게도 매우 교육적이고 쉽게 접근할 수 있는 유용한 책이 만들어졌습니다.

이런 주제를 효과적으로 다루기란 쉽지 않았습니다. 일종의 순교자들의 목록을 만들고, 매우 어두운 현실을 보여 주고, 그것을 비난하기 위해 수많은 폭력 행위를 보여 주어야 합니다. 그러나 이 책의 세 저자는 편견, 차별, 인종차별주의의 문제를 성찰하며 접근해 인종차별이 어떻게 작동하는지 그 메커니즘을 이해시키고 있습니다. 이 책의 강점은 인종차별의 공포에 휩쓸리지 않고 그 심리적 메커니즘과 사회학적 메커니즘을 쉽게 이해할 수 있다는 것입니다. 인종차별의 메커니즘을 명확하게 밝혀 '거기서 나올 수 있는' 길을 보여 줍니다.

작가의 예술성도 여기에 한몫했습니다. 단순한 선과 부드러운 색상을 사용해 독자들이 그와 함께, 두 학자와 함께 여행하는 동안 평화로움을 느끼게 합니다. 이 책은 우리가 주인공과 함께 인종차별이라는 폭력에 맞서 싸우는 데 도움을 줄 것입니다.

라키드 벤진
이슬람학자-정치학자, 수필가이자 소설가
폴 리쾨르 재단 겸임 연구원

정말 고마워요, 삼촌! 삼촌이 아니었으면 이 많은 짐들을 다 옮길 수 없었을 거예요!

언제든지 말만 하렴.

하지만 이런 일이 없을 때도 전화 좀 하고! 하하하!

그런데 너 만화는 잘 그리고 있니?

아 아직 모르셨구나, 제 만화 중단됐어요. 잘 안 팔려서요···

저런, 그래도 포기하면 안 되지!

곧 다른 출판사에서 프로젝트를 시작할 거 같아요.

바로 그거야! 성공하려면 그래야지!

연구원 두 명이랑 함께 책을 만들기로 했어요.
인종차별에 관한 책인데 재밌을 거 같아요.

아이고
역시 내 조카!

역시 젊구나! 아이디어가 넘쳐!

하지만 돈도 벌어야지!

요즘 사람들이
인종차별 문제에
관심이나 있겠니?

띠떼프(Titeuf)* 같은
만화를 그려 보면 어때?

* 1993년부터 출간된 프랑스 만화. 현재까지 14권이 출간됐다. 지은이는 젭(Zep). 한국에서도 발간됐지만, 7권을 마지막으로 나오지 않고 있다.
2000년에 애니메이션으로 제작됐고, EBS에서 <말썽꾸러기 띠떼프>라는 제목으로 방영됐다.

의사 피노
- 정신의학과 -

아…
저 지금 좀 불편해요.

굴적! 굴적!

이유가 뭐죠?

정신과에 온 건 처음인데…
선생님이 저를 계속 쳐다보니까
뭐라고 해야 할지 모르겠어요.

왜죠?

음, 선생님이 그렇게 쳐다보니
제가 뭔가 잘못한 거 같아서요.

제가요? 저는 잘못한 게 없는데요?

솔직히 말하면,
선생님이
어떤 말씀을 하실지
짐작을
못 하겠어요.

그런가요?

네?

죄책감을 느끼는군요.

음, 너무 솔직하려고 애쓰는군요.

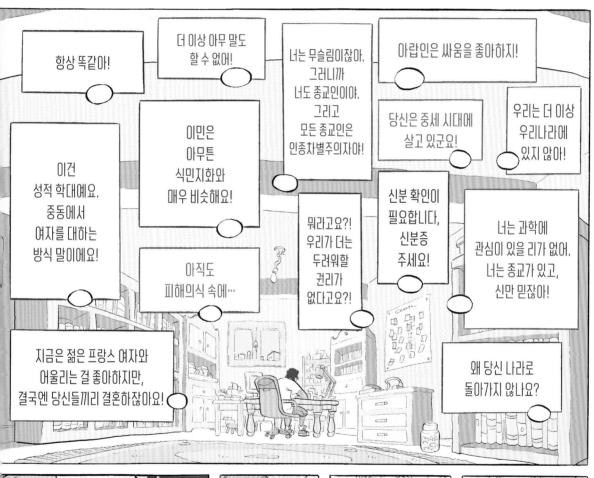

알베르 카뮈의 스톡홀름 연설을 들어 보세요.
카뮈는 1957년에 노벨상을 받았습니다.

종종 다른 사람이
느끼는 것을 받아들일 수
없기 때문에, 예술가의
운명을 선택한 사람은…

자신이 다른 사람과
비슷하다는 것을 인정할 때 비로소
스스로의 예술성과 차별성을
키울 수 있다고 깨닫게 되죠.

예술가는
그것 없이는
지낼 수 없는
아름다움과…

스스로 떨어져
나올 수 없는
사회의 중간선상에
자신을 세우고…

자신과 다른 사람 사이를 끝없이
오가면서 스스로를 단련합니다.

이것이 진정한 예술가들이
아무것도 경멸하지 않는
이유입니다.

그들은 판단하는
대신 이해할 것을
스스로 강요합니다.

우선 인종차별주의에 대해 알아야 할 것이 있어요.

그건 모든 연구가들이 이 정의에 동의하는 것은 아니라는 거죠.

하지만 우리는 제안할 게 있어요!

에블린
에이에르

- 인류 유전학
교수 -

카롤
레이노-팔리고

- 역사가 -

인종차별주의란 사람을 분류해서 상자에 넣고, 상자마다 특징을 부여한 라벨을 붙이는 겁니다.

여기에 고려해야 할 세 가지 요소가 있어요. **범주화, 계층화, 본질화**가 그것이죠.

네?

이제부터 설명해 줄게요!

현실은 매우 복잡합니다.

이해하기 쉽게 먼저 범주화의 예를 들어 볼까요?

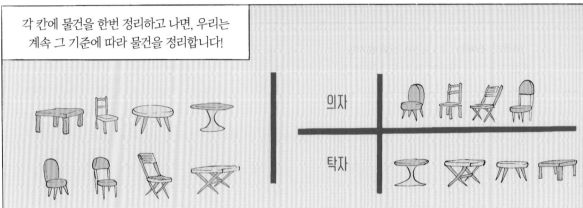

각 칸에 물건을 한번 정리하고 나면, 우리는 계속 그 기준에 따라 물건을 정리합니다!

의자

탁자

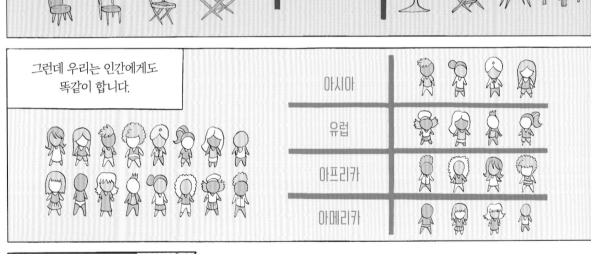

그런데 우리는 인간에게도 똑같이 합니다.

아시아

유럽

아프리카

아메리카

분류하는 것은 자연스럽지만, 분류 기준은 자연스럽지 않아요!

실제로 우리는 우리가 있는 시간과 장소에 따라 분류 기준을 만들게 되거든요.

프랑스에서는 오랫동안 인간을 사회적 기준에 따라 범주화했습니다.

일하는 사람

전투하는 사람

기도하는 사람

19세기 초에는 그 기준이 진화했지만,
여전히 사회적 기준이 지배적이었습니다.

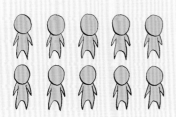

귀족			
부르주아			
농민			
노동자			

민족 국가가 등장하고 국가들이 경쟁하면서
19세기에는 '국적'이라는 새로운 기준이 등장했습니다.

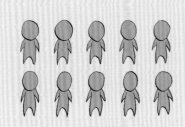

프랑스인			
영국인			
독일인			
이탈리아인			

종교에서도 기준이 진화했습니다. 오늘날 우리는
다음과 같이 범주화하는 경향이 있습니다.

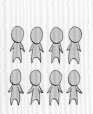

기독교			
이슬람교			
유대교			
불교			

16세기와 17세기에 종교 개혁과 종교 전쟁이
진행되는 동안, 기독교도가 폭발적으로 증가했습니다.
그때부터 사람들에게 다음 중 어디에 속하는지
알아보는 것이 중요해졌습니다.

구교도			
신교도			

개인을 사회 통념에 가두는 것은
그것을 받아들이는 사람들에게 매우
불공평할 뿐만 아니라 지적으로
매우 게으르다는 사실을 드러내죠.

그렇다면 그 부분에서 인종차별과
관련해 이야기해 볼까요?

인종차별은
더 복잡해요.

인종차별에는 고정 관념이
포함돼 있어요.

하지만
거기에 국한하지
마세요!

그리고 기억하세요.
인종차별에는 **범주화** 외에도
계층화와 **본질화**가
포함되죠!

이런,
시간이 늦었네요.
다음 주에 계속
이야기할까요?

물론이죠!

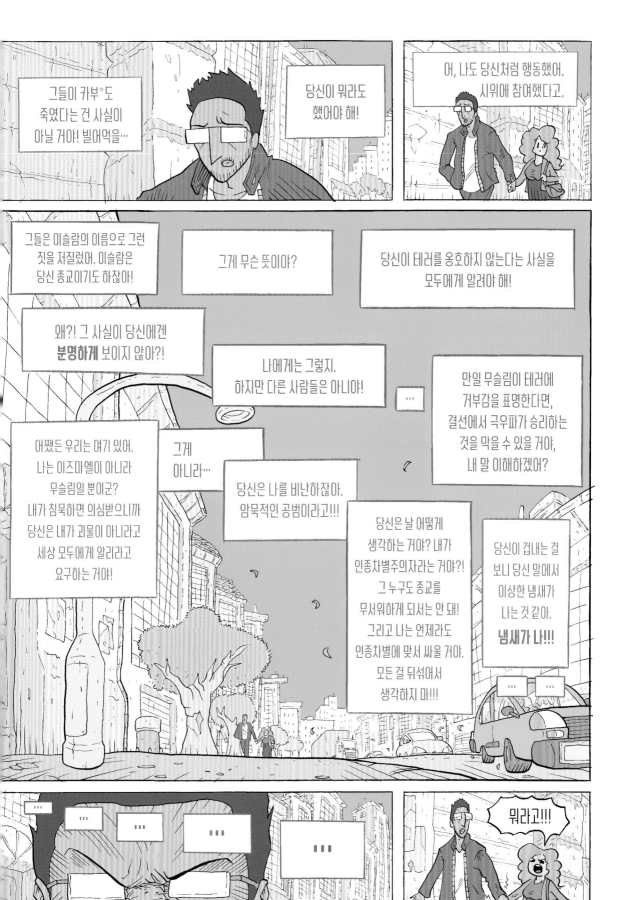

* 카부(Cabu, 1938~2015)는 프랑스의 대표적인 풍자 전문 잡지 《샤를리 에브도(Charlie Hebdo)》의 대표 만화가이다.
이슬람에 대한 풍자 캐리커처를 그렸다는 이유로 이슬람 극단주의자에게 테러를 당해 2015년 1월 7일 파리 11구에서 살해됐다.

자기 제정신이야?
왜 이렇게 날 몰아세워?

미안해,
자기야, 나는
그냥…

미안…

으이구,
사랑스러워서
봐준다!

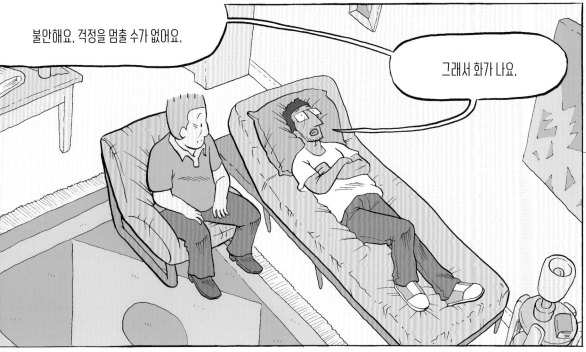

소외되는 게 속상해요.

소외를 정당화하는 것도 속상해요.
사람들이 내 말을 듣지 않아요.
내가 이런 집단에 속해 있기 때문에
나쁜 짓을 저지를 수도 있다고 상상해요.
그런 이유로 나를 소외시키는 것을
정당화하고 있어요.

정말 굴욕적이에요.

굴욕적인 상황이 반복되고 있어요.

그래서 나는
너무 화가 나요.

이 분노가 지속해서

마음속에 증오로 자리 잡아요!!!

내가 계속 떠올리는 게 이런 거예요. 증오요.

증오 때문에 꿈에서 복수하거나 탁자를 뒤엎거나
모든 것을 부숴버리곤 해요!

하지만 나는 폭력이 싫어요.
증오가 나를 사로잡는 것을 원하지 않아요!

증오가 나를 눈멀게 만드는 게 싫어요.

증오 때문에 한 개인을 거부하고 쳐부숴야 할 적으로,
혹은 파괴해야 할 위험 요소로 보는 거요!

상대방도 나를 보고 무언가 느끼겠죠.

심지어 최악인 무언가를!

나는 폭력을 받아들이고 싶지 않아요. 그러나 내가 그걸 숨기려고 해도 증오심은 여전히 남아 있어요!

그래서   나는   그걸 삼켜버립니다!

하지만 나는 토해 낼 수 있다는 것을
알고 있습니다… 언제든지!

다른 사람, 심지어 최악인 사람도
나를 보고 무언가를 느낄 거예요!

나에게서 '최악'인 무언가를요!

나는 그걸 인정해야 해요, 그렇지 않으면 질식할 거예요.

좋아요.

많이 발전했어요!

다양한 집단의 사람들을 계층화할 때, 모두가 따라야 한다고 생각하는 표준이 기준이 됩니다.
자민족 중심주의 덕분에 계층화를 이룰 수 있습니다.

자민족 중심주의는 당신이나 당신이 속한 그룹의 행동(문화, 옷차림, 종교적 신념 또는 종교적 불신앙 등)이 우월하므로,
당신들이 다른 모든 사람이 따라야 할 표준이 되어야 한다고 생각하는 것입니다.

자기가 속한 집단을 표준으로 여기는 순간부터,
자신과 다르다고 여기는 다른 집단을 위계화하게 됩니다.

그러나 우리 각자는 우리의 선택, 역사, 또는 사회가
바라보는 방식을 통해서 형성된 다양한 정체성으로 이루어집니다.

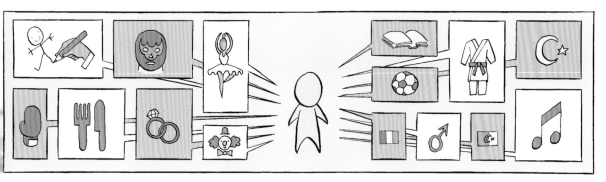

자민족 중심주의 때문에 우리는 다른 집단을 '전체'로 보고,
그것을 구성하는 다양한 존재를 잊어버립니다.

우리는 공동체를 하나 이상의 공통점으로
연결된 것처럼 보이는 집단이라고 부릅니다.

공동체라는 개념에는
매우 다양한 개인이 속해 있습니다. 따라서 이 개념이
어떤 행동이라도 규정할 수 있다고 믿는 것은
이치에 맞지 않죠. 예를 들어, 유대인 '공동체'에는
여러 사람이 속해 있습니다.

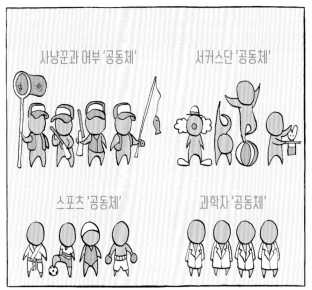

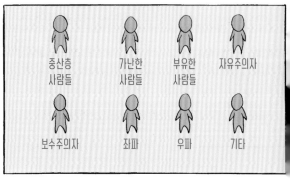

유대인 공동체의 구성원 수만큼
'유대인'이 되는 방법은 다양합니다.

누군가의 행동을 설명하거나 예측할 때 어떻게 하나요?
그 사람이 실제로 소속했거나 소속했을 거라 여겨지는
'공동체'와 결부시키지는 않나요?
그것은 사실 합리적이거나 과학적이지 않죠.

그렇게 하는 것을
바로

'정체성 할당'이라고 합니다!

사람은 자신이 내세우고 싶어 하는 배경이나 요소에 따라 스스로를 정의해요.
특히 **정체성 할당**이란 어떤 개인을 그가 속한 집단의 특성이라 여겨지는
신체적, 심리적, 문화적 특성으로 국한해 고정된 정체성으로 파악하는 것이죠.

슈퍼마켓 테러와 샤를리 에브도(Charlie Hebdo) 테러 이후
프랑스에 사는 무슬림에게 그 책임을 묻는 것이 '정당'하고 '합리적'이라고 믿는 사람들이 있어요.
이것이 바로 이런 종류의 추론이죠.

그때 벌어진 일에 우리 모두 분개했어요. 우리는 함께 있었습니다.

적어도 나는
그렇게 생각했습니다.

내가 어느 '멍청이'의 시선을 느꼈을 때까지는요.

적의가 없다는 것을 보여 주려고
나는 그 사람에게 미소를 지었어요.

하지만 '멍청이'는 신경 쓰지 않았습니다.

그 사람에게 나는 거기 있으면 안 되는 사람이었습니다.

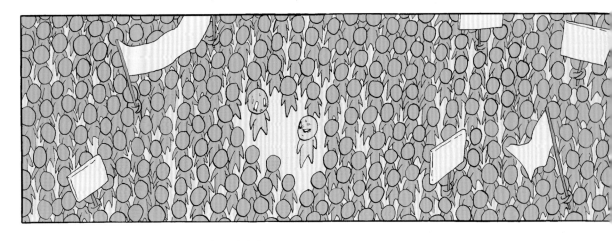

그 사람은 그때 일어난 일에 대한 책임이
나에게 어느 정도 있다고 생각했습니다.

나 역시 그 사람에게 죄가 있다고 판단했습니다.

그러나 그 사람은
나를 몰랐기 때문에
그가 노린 것은
내가 아니었습니다.

그 사람에게 증오는
유용하고 실용적이었습니다!

'멍청이'에게는
자신을 질식시킬 것 같은
모든 불안을 담을 그릇이
필요했습니다.
'멍청이'는
그 불안을 다루거나
이해하지 못했기 때문입니다.

'멍청이'의 시선은
나를
그런 대상으로
취급했습니다.

그리고 사람들은
그런 대상에게
의견을 묻지
않습니다.

'멍청이'는 두려움과
묘한 관계를 맺고 있었습니다.

'멍청이'는 자신이 두려움과 싸우고 있다고 생각하지만,
두려움 안에 자신을 가두고 있습니다.

'멍청이'는 두려움을 억누르고 싶어 하지만, 오히려
퍼뜨리고 있습니다. 증오에 대해서도 마찬가지입니다.
'멍청이'는 증오에 맞서 싸우고 있다고 확신합니다.

하지만 '멍청이'는 증오를 전달하고 있습니다.

'멍청이'의
저런 시선 때문에
편집증 환자가 될 지경이에요.

19세기 말 과학자들은 파리 인류학 학회를 중심으로 모였습니다.

그리고 인종과 관련된 용어로 인간의 차이를 표현하고 인류에 대한 불평등한 관점을 만들었습니다.

확신에 차 있고 때로 호전적이었던 공화국 지식인들이 만든 이 새로운 인간 과학은 세기말 프랑스 사회에 인종 문화를 퍼뜨리는 데 기여했습니다.

인종 공화국

현재 인기 있는 과학 저널과 교과서에 이러한 논문이 실려 있다는 사실을 통해서 잘 알 수 있습니다. 이번 방문은…

← 이즈마엘

지난번에는 갑자기 자리를 떠서 미안합니다. 인종 차별 이야기를 이어서 하고 싶어요.

Ps. 다음 모임은 샤를로트와 내가 저녁 식사에 초대할게요.

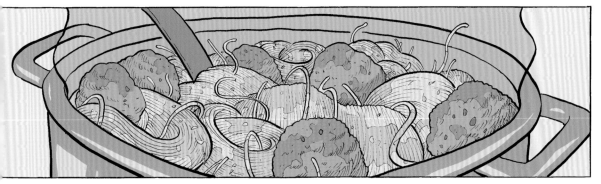

에블린,
드실래요?

고마워요!

자기, 이 파스타 최고야!

음!!

정말 맛있어요!

자, 본질화는 누가 설명해 주실 건가요?

내가 할게요!

본질화는 개인을 본질로 축소하는 것입니다.

사람의 각 범주가 과거부터 대대로 전해져 오던
도덕적, 심리적 또는 행동적 특성과 연결되면서 본질화가 이루어졌습니다.

본질화는 개인을 그가 속한 집단을 정의하는 단면적인 요소 하나로 축소하고,
단순하고 정형화된 이미지 속에 가둡니다.

식민화를 정당화하는 인종차별주의에서 본질화는 인종으로 분류한 집단에
심리적, 지적, 행동적 특성을 부여하는 것으로 이루어졌습니다:

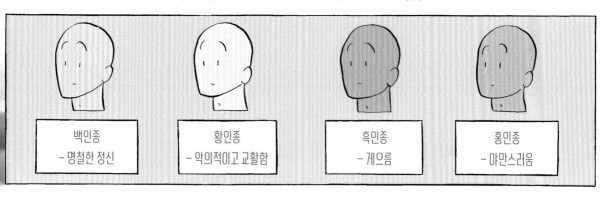

인종에 관한 학문이 거짓으로 판명됐지만, 본질화는 오늘날까지 이어지고 있습니다.
오늘날의 본질화는 종교나 출신 지역과 같은 범주를 기반으로 합니다.

문화는 고정되고 단일한 것으로 간주되지만,
실제 문화적 정체성은 역동적으로 변합니다.

인종차별의 논리는 이렇게 만들어졌어요.
먼저 사람들을 집단으로 나누고, 사람을 속한 집단에 따라 계층화하고,
마지막으로 본질이 되는 특성을 고정시키는 거죠.

이런
사고방식은
편견을
만들어요.

그리고 편견은 사고와 판단을 방해해요.

편견은 특정 집단에 속하거나, 혹은 우리가 속한 집단과 다르다는 이유로
특정 개인에 대해 부정적인 태도나 적대감을 불러일으킵니다.

나는 파란 사람들을
좋아하지 않아!

마치 생크림을 올린
콜리플라워 같아서
싫어!

나는 파란 사람의
결혼식에 간 적이
있었는데…

음, 솔직히 말하면
콜리플라워가
더 나아!

편견은 관련된 정보를 모두 모으기도 전에 이미 예상한 판단이며,
어떤 시대나 환경을 통해 만들어진 사회 통념을 바탕으로 합니다.

당신은 무례하고

게으르고

야만적이고

기생충 같아요!

의식적으로나 무의식적으로 개인이나 집단을
평등하게 대우하길 거부하는 차별은 편견에서 생깁니다.

편견과 차별은 매우 실질적인 원인을 가지고 있으며, 순수한 창작품이 아닙니다.
제한된 자원(노동력, 권력)에 접근하려는 '집단' 간의 경쟁이 편견이나
차별을 강조하거나 조장합니다.

경제 상황이 좋아지면 적대감이 사라질 거 같죠?
그렇지 않아요!

지배적 위치에 있는 사람들은
낙인찍힌 집단의 구성원에게
더욱 적개심을 보일 수 있죠.

어째서요?

자신들의 경제적, 사회적 특권을
정당화하기 위해서요.

차별하는 행동은 근본적인 심리 욕구를 충족시키기 때문이에요.

높이 평가받는 사회 집단에 속하는 것은 긍정적인 사회 정체성을 가질 수 있게 하지만,
때로는 다른 집단의 사람들을 경멸하게 만들 수 있습니다.
우리 자신의 가치를 더 높이려고 다른 집단을 멸시하고, 바로 그런 이유로 우리의 특권에 의미를 부여합니다.

나는 우리 문화를
사랑해!

그러나 당신 문화는
우리 문화와
비교할 수도 없어!

그러니까,
어서!

나가!

날 그렇게
쳐다보지 마!

난 그냥 나
자신을 지키려는
것뿐이니까!

우리가 속할 수 있는 다양한 범주는 우리를 정의하고, 사회 안에서 우리에게 자리를 내줘요.

그건 우리가 스스로에게 가지고 있는 이미지를 반영하기도 합니다!

소속감에 대한 욕구는 본질적이에요!

너무 본질적이어서 인생을 통틀어 그토록 고통스러운 경험은 거의 없을 정도로요.

개인의 지적, 사회적 건강에도 해롭고요.

참여하고 싶은 공동체 구성원에게 배제되거나 차별받는 경험 말이에요!

정말
고마워요!

곧 다시 볼 수 있죠?

물론이죠!

다음에는 인종주의가 식민주의나
민족주의 맥락에서 어떤 식으로
제도화될 수 있는지 얘기해 봐요.

나는 사회를 인종차별적 사회로
만드는 것은 '인종차별주의자'인
개인이라고 생각했어요.

그건
상호적이에요.

개인이 사회에 영향을
미치고, 사회가 개인에게
영향을 미쳐요.

서로
연결된
거죠!

곧
또 봐요!

안녕!

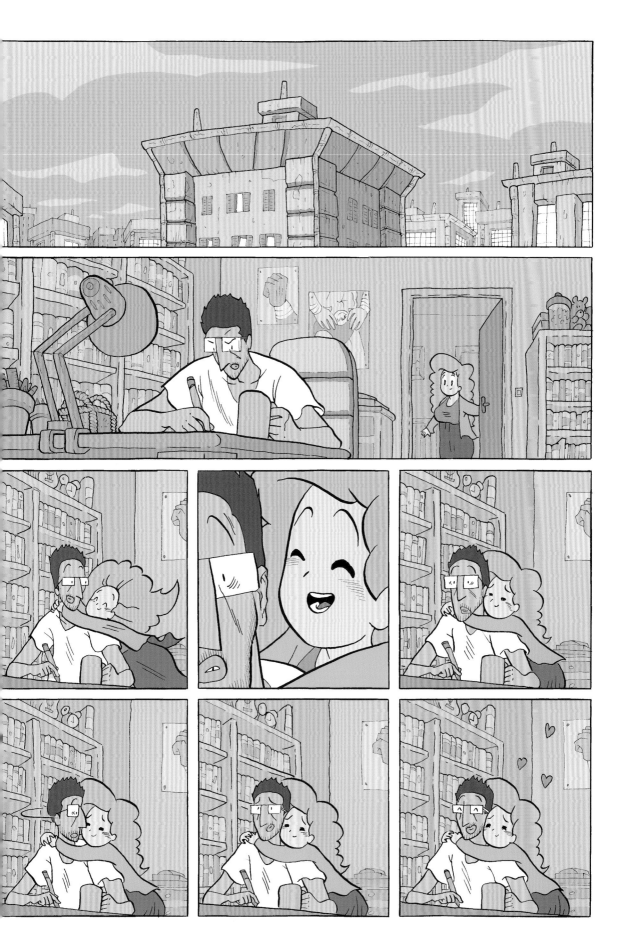

아들일까, 딸일까?

아직 몰라요.

그럼 내가 드디어 할아버지가 되는 건가?

이름은 생각해 봤니?

딸이라면 우리 엄마처럼 자이다라고 부르고 싶어요!

아들이라면 샤를로트는 레다 또는 리아드가 좋대요.

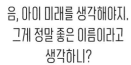

음, 아이 미래를 생각해야지. 그게 정말 좋은 이름이라고 생각하니?

무슨 말이에요?

아이에게 아랍식 이름을 지어 주는 거 말이야.

최악은 삼촌만 나에게
그런 말을 한 게 아니라는 거예요!

수많은 이웃과 친척이
나에게 제일 먼저
해 준 조언이 그거예요.

자기들도
아랍식 이름이면서!

그들은 어떻게
받아들인 걸까요?!!

스페인어, 이탈리아어, 영어 또는
노르웨이어 발음의 이름이 아니라서?

아뇨! 이름이 너무
아랍식이라는 거예요!
너무 이슬람식이요!

자기 이름을 부담스럽게 여기며 살았을 수도 있잖아요!

그게 나를 미치게 만들어요! 그들이 문제 삼아야 할 건 출신이나 종교, 혹은 '내가 모르는 무언가'가 아니라 다른 사람들이 던지는 시선이에요!

하지만 스스로를 보호하겠다는 명목으로 그들을 배제할 정당한 이유를 어떻게든 찾아내는 사람들의 의견에 동조하고 있어요! 그들을 본질화하는 것을 받아들이는 것이죠! 개인으로 보지 않고 미움받는 것이 당연한 집단으로 취급하는 거 말이에요!

그들은 사람들의 시선을 받아들인 거예요.

파리아족*으로 취급하는 걸요!

소리 질러도 돼요?

하세요.

으아아아아아아아아악!

으아아악!

* 인도의 카스트 제도에 못 드는 최하층의 불가촉천민

44

소문은 누구에게나 영향을 줄 수 있어요.

심지어 '인종차별주의자' 까지도요!

고정 관념이 대상을 비하하는 것일수록, 우리는 그걸 더 따르는 경향이 있어요.

지금 우리 사회는 무슬림을 연상시키는 부정적인 고정 관념으로 가득해요.

당신에게 그런 조언을 하는 사람들은 어쩌면 그런 고정 관념이 미래 세대에도 영향을 끼칠까 두려웠을 거예요.

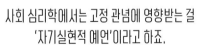

사회 심리학에서는 고정 관념에 영향받는 걸 '자기실현적 예언'이라고 하죠.

이 주제를 두고 한 학급 아이들을 대상으로 한 실험이 있어요.

아이들에게 복잡한 그림을 주고
똑같이 따라서 그리라고 했어요.

처음에는 남자아이, 여자아이
너 나 할 것 없이 그림을 잘 그렸죠.

그런데 그려야 할 그림이 기하 도형이라고 했더니
여자아이들이 제대로 그리지 못하게 됐죠.

'여자아이는 수학을 잘 못해!'라는
고정 관념이 작동한 거예요.

알겠어요.
이해했어요.

지난번에
'제도화된 인종차별'에 대해 얘기한 거
기억해요?

물론이죠,
계속 들려주세요.

46

국가 인종차별이라고도 하는 제도화된 인종차별은
식민주의, 민족주의와 관련해 나타났습니다.

인종주의 메커니즘은 서서히 구축됐습니다.

경제 및 정치 권력을 강화하려고 국가는 지배 집단을 따릅니다.
그리고 법률, 교육 및 제도를 통해 이러한 현상을 강화하는 데 기여합니다.

국가 인종차별 건설을 주도하는 세 당사자가 있습니다!

시민 단체는 제2차 세계 대전 때
저항군처럼 제도화된 인종차별에 맞서 싸울 수 있어요.

제도화된 인종차별이 끝나는 것은
인종차별적인 법률에
의문을 제기할 때 가능하겠죠.

차별의 상황이
지속되더라도 말이죠.

제도화된 인종차별의 예를 들어볼까요?
우리는 어떤 역사적 근거에 따라 만들어졌는지
이해할 필요가 있어요.

노예 제도에서
시작해 볼게요.

16세기부터 유럽 국가들은 아메리카 원주민을 학살하고 추방해
아메리카 대륙 대부분을 지배했습니다.

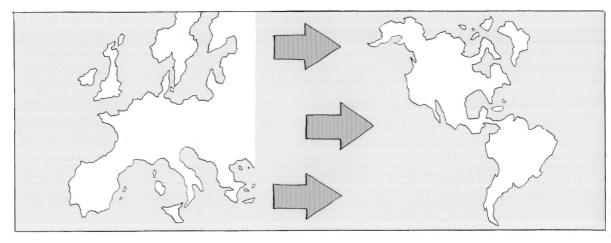

원주민이 멸종하는 것에 대처하려고 아프리카에서 노예를 데려와
설탕, 면화 및 커피 농장에서 일하게 했습니다.

이러한 폭력을 정당화할 필요가 있었기 때문에 지배자들은 피부색에 따라 이들을 무시했습니다.

처음에는 백인과 흑인 사이에 당연한 혐오감은 없었어요.

이 모든 일은 지배 집단이 피지배 집단을 상대로 이익을 착취했기 때문에 일어났죠.

식민지 정복으로 얼마나 많은 이익을 얻었겠어요.

19세기 식민지 정복은 끔찍했습니다.

예를 들어, 알제리에서 프랑스군은
극도로 폭력적인 방법을 동원했습니다.
약탈, 습격, 강간, 토지 강탈은 물론,
원주민을 덜 비옥한 땅으로 추방하거나
동굴로 피신한 사람들을
연기로 질식사시키기도 했습니다.

식민지에서 농업은 주로 수출을 위한 것이었습니다.
식민지 원주민은 늘 기근에 시달렸습니다.

학교는 원주민에게
해방에 대해 가르치지 않았습니다.
원주민은 농부들과 소통할 프랑스어,
단순한 계산법, 농사 기술과
육체노동 방법만을 배울 수 있었습니다.

원주민이 고등 및 중등 교육에 점차 쉽게 접근하게 되자
당국은 접근을 제한하거나 특권층 자녀에게만 혜택을 줬습니다.

또한 당국은 본국보다 불완전한 교육 수준을 유지했습니다.
그들은 교육이 식민 통치에 반대하는 비판자를 양성할까 봐 두려워했기 때문입니다.

모든 불평등을 정당화하려면
피지배 집단을 평가 절하해야 해요.

이게 제3공화국 시절
시민의 권리나 정치적 권리를 누리는
프랑스 '시민'이 따로 있었던 이유예요.

우리가 '원주민'이라고 부르는 프랑스인은
차별법의 적용을 받았어요!

다행히도 지금은
식민지 체제가 끝났죠.

일부 정치인이 선거를 목적으로
오래된 편견을 꺼내들고 있지만 말이죠!

쾅!

역사에는 제도화된 인종차별이 많아요.
일일이 열거할 수 없을 정도죠.

대표적으로
미국의 인종 분리 정책이
있어요.

노예 제도는 남북 전쟁* 이후 폐지됐고,
미국 헌법은 평등권을 보장하고 있습니다.

농장주의 지배권을 유지하려고
남부 주들은 대부분 농장 노동자가 된 과거 노예의
시민권을 박탈하는 데 찬성했습니다.

평가 절하된 편견이 이런 정책을 정당화했습니다.

* 1861년부터 1865년까지 미국 남부와 북부가 벌인 전쟁. 노예 제도는 전쟁이 일어난 원인 중 하나였다.

19세기 말 유럽 국가 사이에 경쟁이 심해졌습니다. 그들은 서로를 더 잘 구분하려고
각자 고유한 기원을 발명하도록 강요받았습니다.

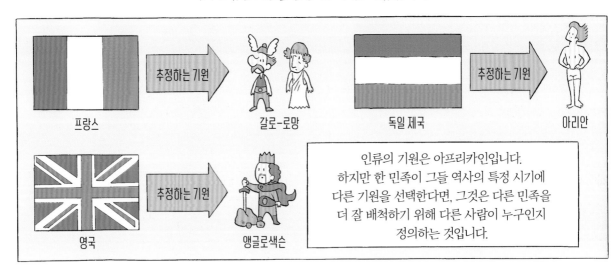

프랑스　　추정하는 기원　　갈로-로망　　　독일 제국　　추정하는 기원　　아리안

영국　　추정하는 기원　　앵글로색슨

인류의 기원은 아프리카인입니다.
하지만 한 민족이 그들 역사의 특정 시기에
다른 기원을 선택한다면, 그것은 다른 민족을
더 잘 배척하기 위해 다른 사람이 누구인지
정의하는 것입니다.

그러나 다른 민족이 백인종 내에서 혼혈의 이점을 인정한 반면,
나치는 인종 순결이라는 명목으로 인종 분리 정책을 시행해 대량 학살을 저지르기까지 했습니다.

그들의 근본 목적은
우리를 노예로 만드는 겁니다!
그들을 모두
없애야만 해요!

그건 과학적으로
입증되었어요.

2 더하기 2가
3이 되는
것처럼요!

그건 4예요!

똑똑한 척하기는···
그들이 당신 아이들을
공격하면 그때는
당신도 알게 될 거야!

르완다도 있어요!

AIX
EN PCE

르완다는 식민지화와 민족주의라는
두 가지 배경이 합쳐졌어요.

르완다는 역사적으로
항상 다양한 사회 집단이 뒤섞여 지내왔습니다.

유럽 정착민들이 르완다를 지배하면서,
그들은 '인종학'에 근거해 르완다 여러 부족의
정체성을 고정하려고 했습니다.

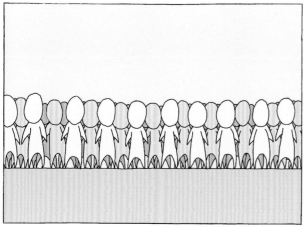

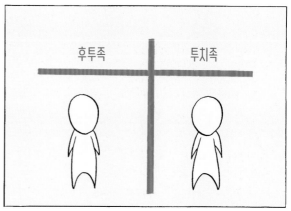

식민지 지배자들은 투치족이
신체적으로 유럽 남성과 더 비슷하기 때문에
더 똑똑하다고 주장했습니다. 그래서 투치족에게
교육 기회를 주고 행정직에 접근할 수 있게 했습니다.

1962년 르완다가 독립한 후 두 부족 사이에
적대감이 더욱 심해졌습니다. 그러다가 후투족의
민족주의 정당이 민주적인 절차를 거쳐 집권했습니다.

'진짜' 민중을 대표한다고 주장하는 이 민족주의 정당은 투치족을 차별했습니다.
1994년 르완다 대통령이 암살되면서 내전이 시작됐고, 대량 학살이 벌어졌습니다.

아시아도 제도화된 인종차별을 경험했어요.

식민 제국을 꿈꾸던 일본이 그랬죠.

1869년 일본은 홋카이도를 식민지로 점령했습니다.

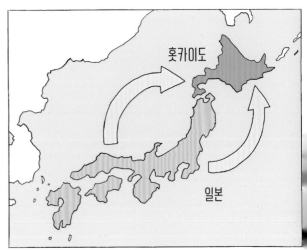

홋카이도

일본

일본은 이 섬에서 살고 있던 아이누족에 대한 '강제 합병'을 시행했습니다.
아이누족은 열등한 종족으로 간주됐고, 더 이상 그들의 언어로 말할 수 없었습니다.

19세기에 '인종학'은 일본의 노예 정책을 정당화했습니다.
일본은 아이누족의 복장, 종교, 교육을 모두 일본화했습니다.

일본이 인종 분리 정책을 금지한 것은 1947년이에요.

그다음에야 정의가 차별에 맞서 싸울 수 있었어요.

중앙아프리카 국가들도 원주민 차별 정책을 실시했습니다.

피그미족이 그 예죠!

피그미족은 중앙아프리카에서 수렵 채집을 주로 하던 50여 개의 다양한 부족으로 이루어진 민족입니다.

농사를 짓는 일부 이웃 부족에게 그들은 완전한 인간으로 보이지 않습니다.

부족마다 각자 고유한 언어와 문화가 있습니다.

피그미족이 영적 세계와 유지하는 관계, 숲에 대한 지식은 이웃 부족에게 두려움과 감탄을 불러일으켰습니다.

이 지역의 유일한 원주민이라는 국제적 인식과 현대식 생활 방식의 통합은 인종차별적 태도를 완화하는 데 도움이 되기도 했지만, 긴장을 조성하기도 했습니다.

여기 있어요!
이제
마지막이에요!

이제 아기를 맞이할 준비가 끝났네요!

정말 고마워요.

곧 또 만나요! 우리에게도
소식 전해 주세요!

당신은 곧…

아기를
만나겠군요,
조만간에요!

어렸을 때 나는 무서웠어요.

특히 밤이요.

내 침대 밑에 괴물이 있었기 때문입니다.

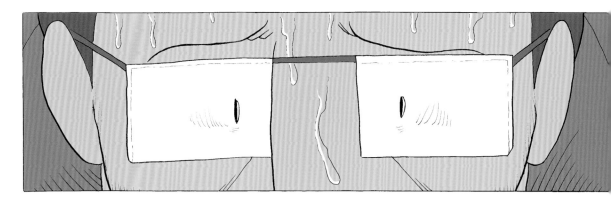

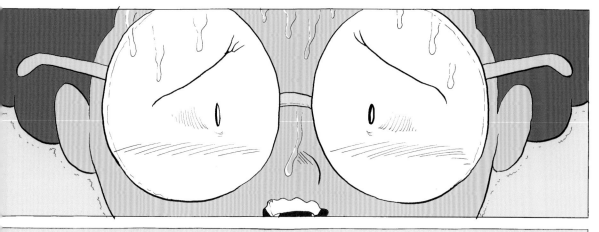

가장 무서운 것은 그 괴물이 나에게 무슨 짓을 할지 상상할 때였습니다.

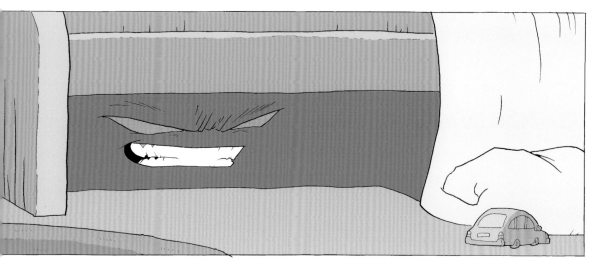

내 머릿속을 맴돌던 목소리가 있었습니다.

그 목소리는 '나 같은 사람'이 없다면,
'좋은 사람들'이 훨씬 더 행복할 것이라고 말했습니다.

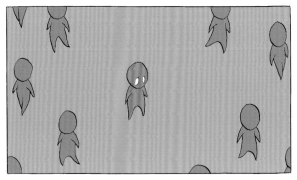

나는 종종 특정한 정체성에 대해 지적받았습니다.
그것은 특징이라기보다는 '문제'에 가까웠습니다.
그것은 본래 야만적이고 남들에게 해를 끼치고
기생하고 증오의 대상이 되는 사람들의 특징이었으니까요.

약간 지나치게 거만하거나
약간 지나치게 경멸하거나
얕보는 듯한 말투, 터무니없는 거부,
특히 악의를 품었다는 의심을 받을 때마다
이러한 느낌은 확신으로 바뀌었습니다.

그때는 그랬습니다. '그' 정체성이 혼란스러웠습니다.
누군가 비슷한 이야기만 꺼내도,
나에 관해 이야기하는 것처럼 느껴졌습니다.
그 정체성이 나이고, 내가 그 정체성이라고 믿었습니다.
그 정체성이 나를 사로잡고 있는 만큼
내가 그 정체성을 움켜쥐고 있었던 거죠.

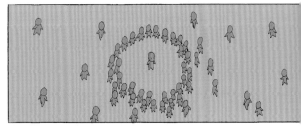

그 정체성에 대한
모든 타격은
나에 대한
타격이
되었습니다.

그리고
나 자신을
보호하기 위해,
나는
그 정체성을
옹호해야
했습니다!

공격받기 전에 공격하라!

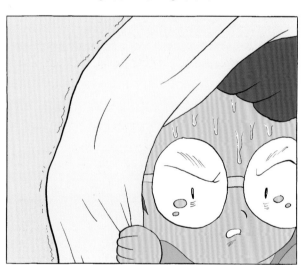

슈퍼히어로처럼 용기를 내! 그건 다른 사람이자 괴물이고, 나였습니다!

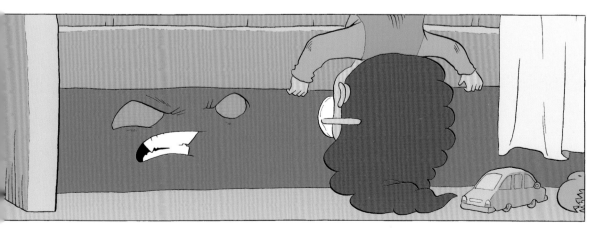

사람들이 나라고 생각하는 '이' 정체성으로 내가 혼란스러울 때, 나는 더 이상 행동하지 않고 '반응'했습니다.

당신이 싫어하는 것을 열정적으로 사랑할 것입니다!

당신이 멸시하는 것을 자랑스러워할 것입니다!

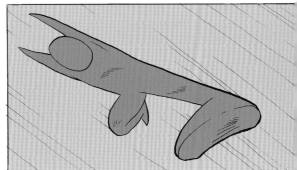

당신이 나에게 준 이 상처들, 나는 그것으로 내 능력을 만들 것입니다!

나의 흉터들을 되돌려 줄 것입니다!

당신이 나에게 숨기고 싶어 했던 것을 마구 휘두를 것입니다!

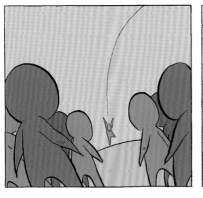

나는 계속 때렸습니다!

내가 멈춘다면

그가 나에게 무슨 짓을 할지 누가 알겠습니까?

하지만 내가 지키려고 한 것은 내 정체성이 아니었습니다.

그건 내가 그 정체성에 가지고 있던
고정 관념이었습니다.

정체성 역시 복합적입니다.
정체성은 개인, 시간, 장소에 따라
다른 방식으로 형성됩니다.

내가 지키려고 했던 것은 불완전하고 축소되고
단순화되고 경직된 무언가였습니다. 그것은 '내'가
어떤 사람이어야 하는지에 대한 고정된 생각일 뿐이었습니다

내가 지키려고 한 것은 우상이었습니다.

나는 존재하지 않는 것을 숭배했습니다.

그리고 '다른 사람들'을 제물로 바쳤습니다.

증오는 반드시 다른 집단에서 비롯되며, 자신은 증오의 대상이 되지 않을 거라고 확신하는 사람들이 있습니다. 그들은 그렇게 생각하는 것이 어떤 이득이 있는지 스스로에게 물어봐야 할 것입니다.

'나쁜' 사람을 미워하면
큰 노력 없이도 '좋은' 사람이 되기 때문일까요.

바로 이런 순간에
증오가 사람을 용감하게 만듭니다.
그러면 '다른 사람'에 대한 경멸이
편안하고 보람 있게 느껴지니까요.

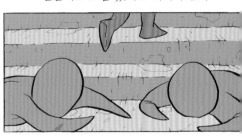

정체성은 모든 사람이 몸을 숨길 수 있는 피난처여야 합니다.

다른 집단과 싸울 때 뒤로 숨는 벙커가 아닙니다!

나는 내 정체성을
부끄럽게 여기지 않습니다.

하지만 내 정체성이 어느 것으로든
축소되는 것을 단호히 거부합니다.

자신이나 타인에 대해
우리가 축소시키는 표상은
'현실'보다 환상
혹은 깊은 불안과 더 많은
관련이 있습니다.

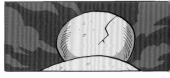

나는 그 괴물이 다른 사람이 아니라 나의 불안이라는 것을 깨달았습니다.

나는 분노 너머,
두려움 너머를
보아야만 했습니다.

괴물은 내가 보고 싶지 않은 나 자신의 일부였습니다.
나는 내 두려움과 분노에 대한 책임을
괴물의 탓으로 돌렸습니다.

범인을 찾는 것은 나에게 책임이 없다는 뜻입니다.

스스로 받아들일 수 없는 것으로 가득 채워져 있는 대상은 내가 아닙니다.
억압과 거부는 소리 없는 살인마입니다. 하지만 진실이 나를 사로잡았습니다.
'괴물'은 나에게 아무 짓도 하지 않았습니다.

두려움을 '가지지' 말고 두려움을 생각하는 것, 거기서부터 시작해야 합니다.

불안에 눈이 멀면
모든 것이
위협적이라고 느낍니다!

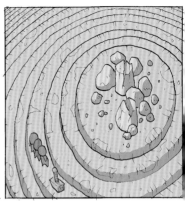

하지만 우리를 자비롭게 만드는 명석함으로 눈을 뜬 나에게 이제 적은 없습니다.

우리는 모두 잠재적인 괴물입니다.

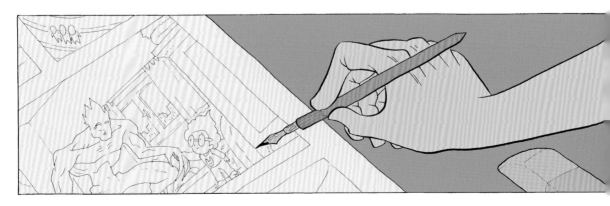

그러므로 우리는 깨어 있어야 합니다.
우리가 서로 이어져 있는 사회를 읽는 법을 배워야 합니다.

하지만 또한 우리는 스스로를 읽고
자기 불안에 부여할 수 있는
의미를 이해해야 합니다.

> 다 됐어?
> 끝났어?

> 거의!

누르, 증오라는 나약함에 굴복하지 않고 필요한 무기가 되어 주기를 바라는 마음으로
너에게 이 책을 바친다.

모든 사람은 인종, 피부색, 성, 언어, 종교, 정치적
또는 기타의 견해, 민족적 또는 사회적 출신, 재산, 출생
또는 기타의 신분과 같은 어떠한 종류의 차별이 없이,
이 선언에 규정된 모든 권리와 자유를 향유할 자격이 있다.

〈세계인권선언〉 제2조